AF349374

Autores:

Jesús Villar Ochoa
Flavia Amar Cantos

Coordinador:

Julio Herrador Sánchez

INICIACIÓN A LA GIMNASIA DEPORTIVA A TRAVÉS DEL JUEGO

PROPUESTAS LÚDICAS PREDEPORTIVAS PARA LA FORMACIÓN HUMANA Y DEPORTIVA

Título: INICIACIÓN A LA GIMNASIA DEPORTIVA A TRAVÉS DEL JUEGO. PROPUESTAS LÚDICAS PREDEPORTIVAS PARA LA FORMACIÓN HUMANA Y DEPORTIVA

Autore/as: JESÚS VILLAR OCHOA Y FLAVIA AMAR CANTOS
Coordinador: JULIO HERRADOR SÁNCHEZ

Editorial: WANCEULEN EDITORIAL
Sello Editorial: WANCEULEN EDITORIAL DEPORTIVA

ISBN (PAPEL): 978-84-19175-76-2
ISBN (EBOOK): 978-84-19175-77-9

Depósito legal: SE 206-2022

WANCEULEN S.L.
www.wanceuleneditorial.com y www.wanceulen.com
info@wanceuleneditorial.com

ÍNDICE

PRÓLOGO

Quisiera comenzar el prólogo de este libro con la siguiente afirmación de Henry Adams: *¡un maestro afecta a la eternidad; nunca se sabe dónde termina su influencia!* En efecto, según Santos Guerra: *"el profesor nunca muere, ya que podemos seguir viviendo en aquellos cuyos ojos aprendieron a ver el mundo a través de la magia de nuestras palabras".* Es tal la responsabilidad del profesor que enseñar no es sólo una forma de ganarse la vida, es sobre todo, una forma de ganar la vida de los otros.

La Educación Física (EF) debe hacer frente a la realidad "virtual" en la que están inmersos nuestros escolares, favoreciendo más que nunca la educación de lo motriz frente al sedentarismo y propiciando relaciones interpersonales para evitar jóvenes aislados socialmente. El profesor de EF debe contribuir a la emancipación de sus alumnos, favoreciendo que éstos autogestionen los factores que le ayuden a fomentar hábitos de vida sanos y, por supuesto, un estilo de vida activo crónico. La práctica físico-deportiva, si se realiza adecuadamente, favorece el proceso de socialización del escolar y supone una fuente indudable de valores positivos: autocontrol, superación, cooperación, disciplina, asunción de normas, compañerismo, solidaridad, lucha..., tan necesarios en la sociedad actual.

Nos encontramos con una importante limitación ya que, de las 2 horas semanales que tiene asignadas por lo general esta asignatura, a veces es mayor el tiempo de inactividad motriz que el tiempo "útil". Así, durante el primer tiempo pedagógico el joven no realiza un volumen de actividad física a un nivel apropiado para permitir efectos significativos para la salud integral. Para intentar incrementar el tiempo de práctica de nuestros escolares, podemos mejorar el tiempo de compromiso motor durante las clases, al mismo tiempo que debemos promocionar actividades físico-deportivas extracurriculares, como complemento a lo desarrollado en el área de EF.

Esta práctica extraescolar, si es atractiva para los intereses del niño o joven, supondrá una gran ventaja para conseguir personas emancipadas y activas, debido a su mayor motivación intrínseca, favoreciendo que dichas actividades físico-recreativas se conviertan en interesantes para los escolares, y así se puedan constituir en hábitos para la edad adulta.

Pero se debe adecuar el deporte a un nuevo marco social posmoderno, donde los jóvenes han encontrado otras maneras más satisfactorias de cubrir su tiempo de ocio, siendo presa fácil para caer en cómodos hábitos más sedentarios y poco educativos (cibermodernos). Por ello, debemos favorecer una práctica deportiva que se adapte a la época actual, que favorezca la tolerancia multicultural y la atención a la diversidad, donde la competición no sea un fin sino un medio educativo, con adaptación de los deportes tradicionales (reglas, espacios,) en busca de formas más recreativas, lúdicas y participativas, promocionando actitudes humanizadoras y valorando más las relaciones sociales que el rendimiento.

El profesor de EF, a veces de forma inconsciente, ejerce una trascendente función como agente socializador para despertar dichos hábitos, haciendo o no atractiva esta asignatura, ya que aquellos adolescentes atraídos hacia la actividad física son los que en su mayoría han percibido las clases de EF como una experiencia positiva. En función de la percepción que el alumno tenga de su experiencia en clase (atractiva, aversiva o neutra), se puede predecir con bastante certeza su actitud futura hacia la práctica o no de actividad física en su tiempo libre.

A veces los programas son excesivamente competitivos y orientados hacia la adquisición de complejas destrezas deportivas y motrices, lo que favorece el fracaso de los perdedores o los que son menos competentes motrizmente, y con ello su rechazo a una implicación deportiva futura. En algunas ocasiones las clases de EF manifiestan un espacio para la discriminación en lugar de un espacio para la integración. Por ello, parece acertado orientar los contenidos, de forma atractiva y lúdica, hacia el ocio activo, tal como refleja este libro.

Se debe primar la satisfacción por el movimiento, siendo conveniente basar el programa en los intereses y necesidades de los niños, principalmente los lúdicos (propiciar "caras felices"). Si conseguimos incrementar la motivación intrínseca del joven a través de la diversión y el placer de estas actividades lúdicas podremos incidir definitivamente en la autoestima y salud emocional del niño, elementos claves para la felicidad y el bienestar futuro de dicha persona. Ahora bien, los juegos que aquí se presentan no deben ser una "receta" sino una extraordinaria herramienta metodológica que favorezca la creatividad del profesor y monitor deportivo, por la enorme incidencia socializadora que representa para sus alumnos.

Tras repasar los 720 juegos seleccionados por los autores, alumnos de la Facultad de Ciencias de la Actividad Física y el Deporte de la Universidad Pablo Olavide de Sevilla, coordinados por el profesor Julio Herrador, tengo que felicitarles por la aportación práctica que proponen y porque están colaborando a incrementar la cultura física a través de este libro.

Dichos juegos, enfocados a los deportes individuales, lucha y raqueta, no sólo son útiles para el proceso de iniciación deportiva en jóvenes sino también como juegos pre-deportivos en cualquier edad, e incluso como componente lúdico del entrenamiento con deportistas.

Ánimo a todos los lectores a llevar a cabo esta propuesta educativa, ayudando a los ciudadanos a ser un poco más felices gracias al deporte.

Antonio J. Casimiro Andújar
(www.activatelavida.com)
Doctor en Educación Física. Profesor Titular Universidad de Almería

INTRODUCCIÓN

Como indica Parlebas (1986) el deporte es una situación motriz de competición institucionalizada en la que participa el individuo que desarrolla una actividad, en un espacio de acción y donde puede haber o no compañeros y adversarios. Nos encontramos con que los deportes individuales son aquellos en los que el practicante se encuentra solo en un espacio, donde ha de vencer determinadas dificultades, superándose a sí mismo con relación a un tiempo, una distancia o unas ejecuciones técnicas que pueden ser comparadas con otros, que también las ejecutan en igualdad de condiciones.

A su vez, a partir de los estudios realizados por Castarlenas (1993), *los **deportes de oposición** presentan una clara diferenciación que se establece en función de sus diferentes objetivos: el "blanco humano" en los deportes de lucha o combate, y el blanco material o una zona del terreno en los deportes de pala y raqueta o de muro y pared*. Siguiendo a Hernández (1999), los deportes de adversario o de oposición son aquellos en el que el desarrollo de la acción y situación motriz se da siempre en presencia de otro, que lo hace en calidad de adversario u oponente, de manera que todo el comportamiento y la conducta motriz de uno y otro participante tienen objetivos opuestos.

El juego y todo lo relacionado con lo lúdico no entiende de edad, clase social, religión, cultura etc y debería estar inmerso y formar parte de las sesiones o entrenamientos aplicados al alto rendimiento, en la iniciación deportiva, durante las clases de Educación Física en educación primaria, secundaria, universitaria, etc, no solo por su evidente valor educativo, si no también, como un instrumento imprescindible de aprendizaje de elementos técnicos y mejora de la condición física mediante la motivación.

Entiendo y soy consciente que coordinar un libro no es tarea fácil, ya que, además de ordenar y operativizar los contenidos del mismo, es preciso hacer mención a los autores que han elaborado la obra. Así, en la preparación y redacción del mismo fluyen una serie de sentimientos y recuerdos tanto personales como académicos difícil de transcribir y transmitir como se merece. En este caso, los máximos protagonistas de esta obra son los alumnos/autores de la Facultad del Deporte de la Universidad Pablo de Olavide de Sevilla, encargados de la elaboración de cada uno de los capítulos. Se trata de verdaderos expertos y conocedores a la perfección del deporte en cuestión que han acometido, ya que durante sus años de formación decidieron especializarse en un deporte determinado.

Por diferentes razones, que no vienen al caso, hemos considerado oportuno no llamar al libro "720 juegos predeportivos..." y aunque para la redacción del texto hemos seguido el modelo tradicional, es decir (Descripción y desarrollo del juego, material empleado, organización de los participantes, reglas y variantes)...hemos incluido como novedades: La aportación de una extensa bibliografía de referencia o complementaria; Presentamos en la portada de cada uno de los deportes una frase relacionada con los mismos; Incluimos un apartado interesante, relacionado con los **BENEFICIOS PARA LA FORMACIÓN HUMANA Y DEPORTIVA: Desarrollo Físico-Motriz, Desarrollo Psicológico y Desarrollo Técnico-Táctico Individual**. Por último, para facilitar la comprensión del texto, presentamos cada uno de los juegos con una representación gráfica mediante la fotografía.

NOTA ACLARATORIA:

Para facilitar la lectura de este libro, al referirnos a niño; alumno; profesor; entrenador; monitor, jugador, etc, y como criterio coeducativo, simbolizamos igualmente al sexo femenino. De todos modos hemos procurado emplear una terminología común: alumnado, profesorado...

A su vez, al tratarse de contenidos aplicables en diferentes ámbitos como son: (iniciación deportiva, alto rendimiento, enseñanza, recreación, etc), al referirnos tanto al sujeto que enseña, como al discente, el modo de describir a las partes implicadas englobamos a: entrenador, monitor, animador, profesor, docente, atleta, alumno, jugador, etc.

DEDICATORIA:

Para aquellos alumnos y alumnas de la Facultad del Deporte de la Universidad Pablo de Olavide de Sevilla, que no estuvieron ni en el momento ni en el lugar preciso, cuando surgió la idea este apasionante proyecto.

Estoy completamente seguro que hubieran sido igual de válidos y competentes para haber afrontado el deporte que hubieran propuesto, con la máxima garantía y rigor.

PROPUESTAS LÚDICAS PREDEPORTIVAS DE **GIMNASIA DEPORTIVA**

"En los momentos de ansiedad, no tratéis de razonar, pues vuestro razonamiento se volverá contra vosotros mismos; es mejor que intentéis hacer esas elevaciones y flexiones de brazos que se enseñan ahora en todas las escuelas; el resultado os asombrará. Así, el profesor de filosofía os envía al de gimnasia".

Alain

BENEFICIOS PARA LA FORMACIÓN HUMANA Y DEPORTIVA

Desarrollo Físico-Motriz:

- Fuerza
- Velocidad
- Fuerza-resistencia
- Desplazamientos
- Giros
- Saltos
- Coordinación
- Amplitud de movimiento
- Control postural

Desarrollo Psicológico:

- Confianza
- Autoevaluación
- Autocontrol
- Innovación (creatividad)
- Afán de triunfo e iniciativa
- Comprender a los demás
- Ayudar a los demás a desarrollarse
- Colaboración
- Cooperación y trabajo en equipo
- Atención-concentración
- Toma de decisiones
- Percepción

Desarrollo Técnico-Táctico Individual:

- Equilibrio invertido
- Volteos y habilidades básicas
- Impulsos y lanzamientos
- Saltos gimnásticos
- Control postural en habilidades
- Equilibrios gimnásticos

"LUCHA DE ESCORPIONES"

Material: **Neumáticos de bicicleta**
Número de participantes: **De 2 en adelante**

POSICIÓN INICIAL:
Se organiza el grupo por parejas. Cada pareja tendrá un neumático.
DESARROLLO DEL JUEGO:
Cada miembro de la pareja se coloca en tendido prono dándose la espalda entre sí, las palmas de las manos y una rodilla apoyadas en el suelo. La pierna libre servirá para agarrar el neumático. A la señal del profesor los alumnos lucharán para traerse hacia sí el neumático.
REGLAS:
Se prohíben levantar cualquiera de los tres apoyos del suelo y agarrar el neumático con cualquier parte del cuerpo que no sea la indicada.
VARIANTES:
En este caso la lucha se realiza en cuadrupedia ventral. Los alumnos colocan el neumático por detrás de una de sus dos rodillas.

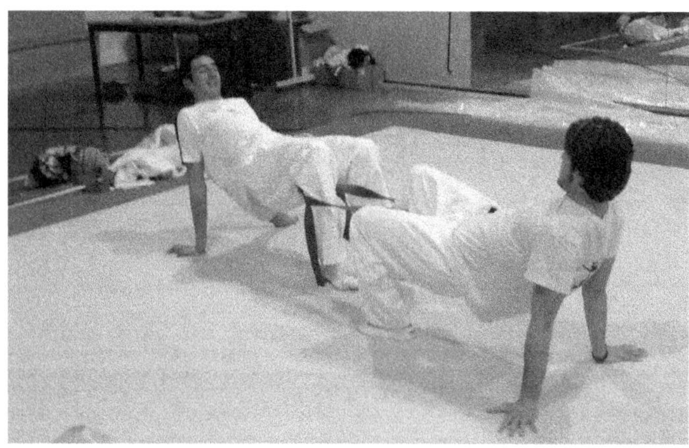

"ALCANZA LA MAZA"

Material: **Neumáticos de bicicleta, mazas de gimnasia**

Número de participantes: **Por parejas**

POSICIÓN INICIAL:
Dividimos al grupo en parejas. Cada pareja tendrá un neumático de bicicleta.
DESARROLLO DEL JUEGO:
Cada miembro de la pareja se colocará en tendido prono con una rodilla apoyada en el suelo, y las palmas de las manos apoyadas en el suelo por delante de la cabeza. En la pierna libre se enganchará el neumático a la altura del sóleo. Cada alumno tirará hacia su lado intentando llevarse el neumático y al compañero.
REGLAS:
Se prohíbe levantar la pierna de apoyo del suelo o variar la posición inicial. Se permite flexionar la rodilla al máximo.
VARIANTES:
Realizamos el mismo juego pero en tendido supino con apoyo de brazos en línea con el hombro y la planta del pie de apoyo en el suelo.

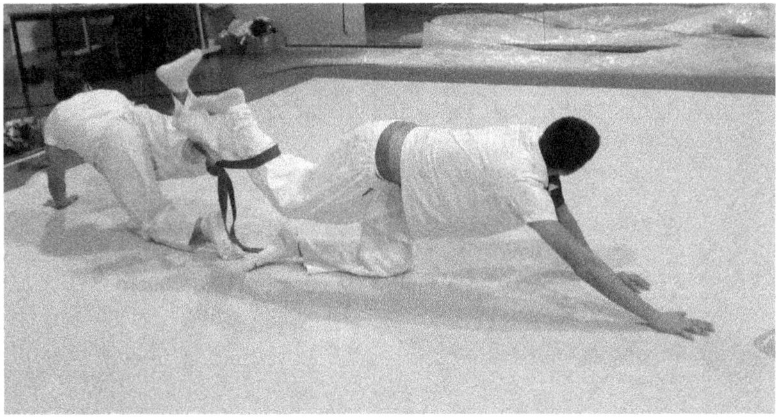

LIEBRES SALTARINAS.

Material: **colchonetas finas, quitamiedos, tapiz de gimnasia, foso, etcétera.**

Número de participantes: **de 2 en adelante.**

POSICIÓN INICIAL:
Hacemos un recorrido formado por elementos que conformen un suelo de distintas densidades. Colchonetas, quitamiedos, foso, tapiz, suelo, plinto, etcétera. Realizamos parejas.
DESARROLLO DEL JUEGO:
Un miembro de la pareja hará una persecución del otro miembro por el recorrido establecido dándole cinco segundos de ventaja. El recorrido debe realizarse saltando con los dos pies juntos.
REGLAS:
Se prohíbe correr, separar los pies y cualquier otro tipo de desplazamiento que no sea el que se especifique.
VARIANTES:
Realizamos el recorrido con zancadas largas o corriendo

"EQUILIBRIO SOBRE UN CABALLO"

Material:

Número de participantes: **De 4 en adelante**

POSICIÓN INICIAL:
Dividimos al grupo en parejas. Hacemos dos marcas en el suelo. Un miembro de la pareja se coloca en cuadrupedia ventral y el otro miembro en bipedestación sobre su espalda.
DESARROLLO DEL JUEGO:
Las parejas compiten entre sí para llegar hasta la línea de meta sin que el alumno en equilibrio se caiga. Es muy importante que el alumno que va arriba se coloque en la prolongación de los segmentos del transportador.
REGLAS:
Se prohíbe agarrarse con las manos al compañero.
VARIANTES:
Podemos usar distintos tipos de transporte. Por ejemplo, el alumno que transporta en bipedestación y el que es transportado en pie sobre sus hombros.

"LUCHA A CABALLO"

Material: **quitamiedos**
Número de participantes: **De 4 en adelante**

POSICIÓN INICIAL:
Organizamos al grupo en parejas. Colocamos un quitamiedos para cada dos parejas. Un miembro de la pareja en bipedestación sostendrá al otro sentado sobre sus hombros.
DESARROLLO DEL JUEGO:
El miembro de la pareja que está arriba, luchará con el de la otra pareja hasta derribarle.
REGLAS:
Se prohíben los golpes. Sólo se permite tirar y empujar. Se prohíbe salir del quitamiedos o zona de seguridad.
VARIANTES:
En este caso el miembro que es portado se colgará en la espalda del otro miembro. El miembro de la pareja que lucha será el que carga.

"LUCHA DE PALMAS"

Material: **quitamiedos, goma elástica**

Número de participantes: **Por parejas**

POSICIÓN INICIAL:
Organizamos el grupo en parejas. Cada pareja tendrá un quitamiedos.
DESARROLLO DEL JUEGO:
La pareja debe luchar entre sí uniendo las palmas de sus manos. La lucha se realiza con los dos pies juntos unidos por una goma elástica para dificultar el equilibrio.
REGLAS:
Se prohíben los golpes. Se prohíbe cambiar el agarre.
VARIANTES:
En este caso luchamos sobre un solo apoyo.

"CARRERA DE MULAS"

Material: **conos**

Número de participantes: **De 4 en adelante, números pares**

POSICIÓN INICIAL:
Organizamos al grupo en parejas. Colocamos una línea de salida y otra de llegada.
DESARROLLO DEL JUEGO:
Los atacantes tratan de llevar el máximo número de balones de un lado al otro, pudiendo realizar pases entre ellos. Los defensores deben impedirlo del modo que crean conveniente.
REGLAS:
Se prohíben los golpes. Los cuatro atacantes llevan un balón y luego otro, no pueden estar en posesión de dos balones. Si el balón que cae al suelo está perdido.
VARIANTES:
Utilizamos el balón de rugby. Prohibimos los pases hacia delante.

"POLLITO ESPAÑOL"

Material:
Número de participantes: **De 5 en adelante**

POSICIÓN INICIAL:
Un alumno la queda y se colocará frente a la pared de espaldas al resto del grupo. El resto del grupo se coloca en una línea de salida a varios metros de la pared.
DESARROLLO DEL JUEGO:
Como en el famoso juego del "Pollito inglés", el alumno que la queda dirá: "un, dos, tres pollito inglés sin mover los pies", y se volverá hacia el grupo. En este caso el grupo no solo tendrá que estar inmóvil si no que un compañero debe cargar al otro. Si el alumno que la queda ve a alguna pareja moverse tendrán que volver atrás.
REGLAS:
Se prohíbe intentar hacer caer a las parejas.
VARIANTES:
En este caso lo hacemos por tríos, el grupo que tenga a juicio del alumno que la queda, la postura más original avanzará dos pasos.

"PELOTA INSEPARABLE"

Material: **pelotas, gomas elásticas**
Número de participantes: **De 2 en adelante**

POSICIÓN INICIAL:
Los alumnos se distribuyen por el espacio libremente cada uno con una pelota.
DESARROLLO DEL JUEGO:
Los alumnos deberán realizar el mayor número de habilidades gimnásticas posibles (saltos, giros, volteos, etcétera) con una pelota entre sus pies. Ganará el que mayor número de habilidades realice sin repetir, sin que la pelota caiga.
REGLAS:
Se prohíbe sujetar la pelota con las manos o con cualquier parte del cuerpo que no sea la especificada.
VARIANTES:
Realizamos el mismo juego, pero ahora nos amarramos los dos pies con una goma elástica. Ganará el que sea capaz de realizar más habilidades sin repetir.

"EL ESCORPIÓN"

Material: **balones, plinto**
Número de participantes: **De 2 en adelante**

POSICIÓN INICIAL:
Se organiza el grupo por parejas. Cada pareja con un balón y situado cada miembro a un lado del plinto.
DESARROLLO DEL JUEGO:
El juego consiste en lanzar el balón agarrándolo con los dos pies, por encima de la cabeza, realizando la acción de volteo adelante con rodillas extendidas. Ganará el miembro de la pareja consiga pasar más veces el balón sobre el plinto.
REGLAS:
No se permite lanzar el balón con cualquier otra parte del cuerpo que no sea la especificada.
VARIANTES:
En tendido supino de espaldas al plinto lanzamos el balón entre los dos pies realizando una acción de volteo atrás.

"EL ESPEJO"

Material: **colchonetas, tapiz de gimnasia**
Número de participantes: De 2 en adelante

POSICIÓN INICIAL:
Se organiza a los alumnos en grupos pequeños repartidos por el espacio.
DESARROLLO DEL JUEGO:
El primer alumno realiza una habilidad gimnástica que el siguiente alumno deberá repetir, y además añadir una nueva, así sucesivamente. Ganará quien más habilidades realice correctamente.
REGLAS:
Es necesario acordarse del orden de todas las habilidades. Se prohíbe repetir habilidades.
VARIANTES:
Hacemos este mismo juego por parejas. Los dos miembros de la pareja deberán hacer las habilidades a la vez de forma coordinada.

"CARRERA ACROBÁTICA"

Material: **colchonetas, tapiz de gimnasia**

Número de participantes: **De 2 en adelante**

POSICIÓN INICIAL:
Se organiza el grupo en parejas situadas libremente por el espacio.
DESARROLLO DEL JUEGO:
Un primer miembro de la pareja deberá realizar un recorrido espontáneo realizando una habilidad gimnástica. El otro miembro de la pareja deberá alcanzarle dándole 3 segundos de ventaja, realizando la misma habilidad.
REGLAS:
Se prohíbe realizar una habilidad que no sea la que realizó el primer miembro de la pareja. No se permite salir hasta que no pasen los tres segundos de ventaja.
VARIANTES:
Realizamos la persecución pero en este caso el segundo miembro de la pareja deberá realizar una habilidad distinta a la que realizó el primer miembro.

"ATRAVESAR EL TÚNEL"

Material: **Colchoneta quitamiedos**
Número de participantes: **De 6 en adelante**

POSICIÓN INICIAL:
Hacemos dos equipos situados en fila. Frente a cada equipo colocamos dos quitamiedos colocados uno encima del otro.
DESARROLLO DEL JUEGO:
A la señal del profesor, los alumnos deberán atravesar los quitamiedos pasando entre ambos de uno en uno. El equipo que pase antes ganará.
REGLAS:
Se prohíbe pasar por encima. No se podrá salir hasta que el compañero no haya sobrepasado completamente el obstáculo.
VARIANTES:
Colocamos un quitamiedos en el suelo y el otro apoyado en el borde de este a modo de cuesta. Ganará el equipo que antes atraviese el obstáculo.

"TRASLADAR LA CAMILLA"

Material: **colchonetas**
Número de participantes: **De 10 en adelante**

POSICIÓN INICIAL:
Hacemos equipos de cinco componentes. Cada equipo tendrá una colchoneta.
DESARROLLO DEL JUEGO:
Cuatro compañeros deberán transportar a un quinto encima de la colchoneta. El profesor irá indicando hacia donde deben ir con la colchoneta, ("¡a la canasta, a las paralelas!"), el equipo que complete antes los destinos ganará el juego.
REGLAS:
Se prohíbe saltarse los destinos que indique el profesor.
VARIANTES:
En este caso la colchoneta será arrastrada por los compañeros. El alumno que va encima debe permanecer sentado.

"LA JUNGLA"

Material: **cuerdas**

Número de participantes: **De 5 en adelante**

POSICIÓN INICIAL:
Se amarran varias cuerdas al mobiliario de la sala, formando una especie de telaraña de cuerdas.
DESARROLLO DEL JUEGO:
Los alumnos deben desplazarse por este espacio sin tocar las cuerdas, pasando por encima y por debajo de ellas. Cada vez que vaya a superar una cuerda deberán hacerlo realizando una habilidad gimnástica.
REGLAS:
Se prohíbe mover las cuerdas de sitio.
VARIANTES:
Se realiza el mismo juego pero con los dos pies juntos. Se realiza el mismo juego pero sobre un solo apoyo de pies.

"CARRERA DE PÍDOLA"

Material: **ninguno**

Número de participantes: **a partir de 4 jugadores**

POSICIÓN INICIAL:
Todos los alumnos colocados en un lado del tapiz por parejas.
DESARROLLO DEL JUEGO:
Se harán carreras de pídola hasta llegar al otro lado del tapiz, primero salta uno y después el otro.
REGLAS:
No se puede coger carrerilla para saltar al compañero.
VARIANTES:
Saltar solo apoyando una mano y después la otra, subir la altura a la que se coloca el compañero.

"CARRERA DE SALTOS"

Material: **ninguno**

Número de participantes: **a partir de 4 jugadores**

POSICIÓN INICIAL:
Equipos de 4 personas colocados en un lado del tapiz.
DESARROLLO DEL JUEGO:
Se realizarán carreras de relevo de un lado a otro del tapiz. Se tendrá que ir dando saltos de abajo arriba.
REGLAS:
Tocar la palma del compañero cuando se tome el relevo y tocar el suelo cuando nos agachemos en el salto.
VARIANTES:
Antes de empezar a saltar hacer cinco abdominales o cinco flexiones, hacer los saltos solo con una pierna y después con la otra, hacerlos de espaldas.

"EL JUEGO DE LOS LEONES"

Material: **ninguno**

Número de participantes: **a partir de 4 jugadores**

POSICIÓN INICIAL:
Todos dispersos colocados por el tapiz.
DESARROLLO DEL JUEGO:
Un alumno será el que se la quede y se colocará en cuadrúpeda, tiene que pillar a los demás compañeros que estarán de pie. Para que no te pillen te podrás colocar en alguna posición gimnástica en el suelo y para salvarte algún compañero tendrá que saltar por encima realizando un león.
REGLAS:
Una vez que te haya pillado, pasarás a ser león junto con tu compañero. El juego se termina cuando todos se hayan convertido en leones.
VARIANTES:
Reducir el campo de juego, aumentar el número de leones al principio, sin apoyar las rodillas en el suelo los leones.

"EL PUENTE HUMANO"

Material: **ninguno**

Número de participantes: **a partir de 6 jugadores**

POSICIÓN INICIAL:
Se divide la clase en dos equipos. Se colocan en un lado del tapiz.
DESARROLLO DEL JUEGO:
Todos los alumnos en fila se colocarán con las piernas abiertas, el último pasará entre las piernas de los compañeros hasta llegar a una señal colocada a unos metros de ellos, realizará un volteo hacia delante, volverá y se pondrá el primero, así sucesivamente.
REGLAS:
Ganará el equipo que antes sea capaz de trasladar la fila y llegar a la señal.
VARIANTES:
Pasar por debajo sin colocar las rodillas en el suelo, pasar atrasándose. Cambiar la habilidad que se pide.

"LA PIRÁMIDE MÁS ALTA"

Material: **ninguno**

Número de participantes: **a partir de 10 jugadores**

POSICIÓN INICIAL:
Repartidos por el tapiz en grupos de 5 personas.
DESARROLLO DEL JUEGO:
Darles a los alumnos 3 o 4 minutos para que formen una pirámide.
REGLAS:
Ganará aquel equipo que más original haga la pirámide y que más alta sea. A criterio de los alumnos y profesor
VARIANTES:
Aumentar el número de alumnos, poner limitaciones a la hora de montar las pirámides (prohibir posiciones, etc).

"1, 2, 3 POLLITO INGLÉS ACROBÁTICO"

Material: **ninguno**

Número de participantes: **a partir de 4 jugadores**

POSICIÓN INICIAL:
Todos los alumnos colocados en un lado del tapiz.
DESARROLLO DEL JUEGO:
Jugar al pollito inglés pero cuando el alumno que se la quede se de la vuelta, los alumnos tienen que adoptar una postura gimnástica estática.
REGLAS:
El jugador que más original realice la postura, puede dar un paso hacia delante, aquel alumno que se mueva retrocederá hasta la salida.
VARIANTES:
Por parejas, por tríos, etc.

"EQUILIBRISTA EN LA BARRA"

Material: **barra de equilibrios.**
Número de participantes: **a partir de 2 jugadores**

POSICIÓN INICIAL:
Todos los alumnos en fila delante de la barra de equilibrios.
DESARROLLO DEL JUEGO:
Ir andando sobre la barra de equilibrios y realizar el mayor número de habilidades gimnástica encima de ella (levantar la pierna, medio giro, andar de puntillas, voltereta, etc.).
REGLAS:
El profesor será el que de las indicaciones de lo que deben de hacer. El alumno que más cosas realicen y que mejor lo haga será el ganador del juego.
VARIANTES:
Hacerlo con la pierna o el brazo no dominante y que los propios alumnos sean los que evalúen a sus compañeros.

"EL MONITO"

Material: **asimétricas**

Número de participantes: **a partir de 4 jugadores**

POSICIÓN INICIAL:
Hacer grupos de 4 personas, colocarlos delante de las asimétricas.
DESARROLLO DEL JUEGO:
Hacer una competición entre los componentes del equipo, intentando aguantar lo máximo posible balanceándose sobre las asimétricas, con las piernas flexionadas.
REGLAS:
Los pies no se pueden apoyar en el suelo.
VARIANTES:
Colocar de diferentes formas los pies en el aire, aguantar con los brazos más flexionados.

"EL SALTARÍN"

Material: **tapiz de gimnasia**
Número de participantes: **a partir de 4 jugadores**

POSICIÓN INICIAL:
Todos los alumnos repartidos por el tapiz.
DESARROLLO DEL JUEGO:
Los alumnos empiezan a saltar y cuando el profesor de una señal, tendrán que dar un giro en el aire sobre su eje longitudinal y volver a caer de pie en el suelo.
REGLAS:
El alumno que recepcione mal tendrá que hacer 5 abdominales.
VARIANTES:
Poner aros distribuidos por el suelo para que a la hora de saltar caigan dentro del arfo. Saltar de diferentes formas: agrupado, carpado, etc. Y diferentes alturas.

"EL MÁS RÁPIDO"

Material: **4 bancos suecos.**

Número de participantes: **a partir de 6 jugadores**

POSICIÓN INICIAL:
Dividimos la clase en 4 grupos y se pondrán en fila delante de un banco sueco.
DESARROLLO DEL JUEGO:
A la señal de ¡ya! los primeros de la fila saldrán corriendo hacia el banco, pasarán por encima de él y volverán a la fila en última posición.
REGLAS:
Gana el equipo que más rápido haga el circuito, si alguno se cae del banco tiene que volver a empezar.
VARIANTES:
Pasar el banco saltando de un lado a otro con los pies juntos, pasar en cuchillas, pasar con las manos apoyadas y los pies de un lado a otro.

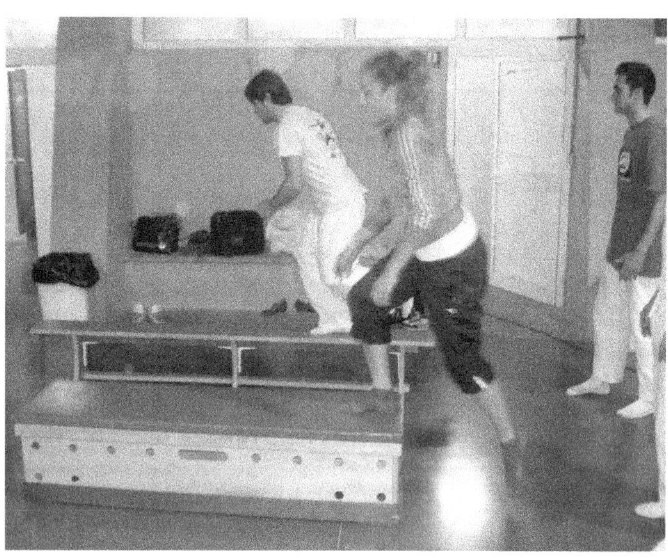

"EL COGEDOR DE MANZANAS"

Material: **un minitram y una colchoneta grande.**

Número de participantes: **a partir de 2 jugadores**

POSICIÓN INICIAL:
Todos los alumnos colocados en fila detrás del minitram.
DESARROLLO DEL JUEGO:
Saldrán corriendo hacia el minitram, saltarán encima de él e intentarán coger el objeto que tendrá sujeto un compañero.
REGLAS:
Caer siempre encima de la colchoneta, respetando la fila.
VARIANTES:
Saltar de diferentes formas, colocar el objeto a diferentes alturas y distancias.

"TORITO EN ALTO"

Material: **todos los materiales del gimnasio**
Número de participantes: **a partir de 4 jugadores**

POSICIÓN INICIAL:
Todos los alumnos distribuidos por el gimnasio.
DESARROLLO DEL JUEGO:
Un jugador será el que se la quede y tendrá que intentar pillar a sus compañeros que correrán libremente por el espacio.
REGLAS:
Para salvarse, podrán gritar ¡torito en alto! Y mantener una posición estática gimnástica durante tres segundos encima de algún material del gimnasio.
VARIANTES:
Limitar las zonas para salvarse, aumentar el número de alumnos que pillan.

"1, 2, 3"

Material: **tapiz de gimnasia**
Número de participantes: **a partir de 4 jugadores**

POSICIÓN INICIAL:
Todos lo alumnos en fila colocados en el borde del tapiz.
DESARROLLO DEL JUEGO:
Correrán en fila por el borde, el profesor asignará números a habilidades gimnásticas y cuando grite por ejemplo ¡1! los alumnos harán una voltereta, cuando grite ¡2! darán un salto arriba, etc.
REGLAS:
Siempre correrán en filas, tendrán que hacer la habilidad lo más rápidamente posible.
VARIANTES:
Cambiar los números por letras, colores, etc. cambiar las habilidades, hacer las habilidades agarrados de la mano, etc.

"EL MÁS FUERTE"

Material: **tapiz de gimnasia**
Número de participantes: **a partir de 4 jugadores**

POSICIÓN INICIAL:
Colocar a los alumnos por parejas, repartidos por el tapiz.
DESARROLLO DEL JUEGO:
Se colocarán enfrentados en decúbito supino con las manos y los pies apoyados en el suelo y el cuerpo totalmente en la horizontal. Intentarán quitarle las manos y los pies del suelo al compañero y desestabilizarle.
REGLAS:
La posición del cuerpo se mantendrá siempre durante el juego, se les dará 30 segundos para el juego y se podrá cambiar de pareja.
VARIANTES:
Cambiar la posición del cuerpo, disminuir el tiempo de juego, hacer el ejercicio por tríos.

"EL CIRCUITO"

Material: **tapiz de gimnasia y 20 aros.**
Número de participantes: **a partir de 6 jugadores**

POSICIÓN INICIAL:
Dividimos la clase en dos grupos, se colocarán en fila en un lado del tapiz.
DESARROLLO DEL JUEGO:
En frente de cada fila se colocarán aros de colores. En cada aro se realizará una habilidad que previamente el profesor ha dicho: rojo: volteo hacia delante, amarillo: rueda lateral, negro: arco adelante, azul: volteo hacia detrás, verde: rondada, etc.
REGLAS:
El profesor tiene que hacer hincapié en la ejecución de las habilidades, cuando se termine de realizar todas las habilidades se dará relevo al compañero
VARIANTES:
Cambiar las habilidades a realizar, que los propios alumnos hagan de profesores para evaluar a sus compañeros.

BIBLIOGRAFÍA GIMNASIA DEPORTIVA

- AMADOR, F. (1996). Praxiología Motriz. *Revista Científica de las Actividades Físicas, los Juegos y los Deportes*. Universidad de las Palmas de Gran Canaria, Facultad de Ciencias de la Actividad Física y del Deporte, N° 1, Vol. 1.

- BOURGEOIS, M. (1998). *Didactique de la Gymnastique: gymnastique pour l´élève: le plaisir d´apprendre.* París: Presses Universitaires,

- DURÁN, C. Y BARTA, A. (2006). *Mil ejercicios y juegos de gimnasia rítmica deportiva.*

- GARCÍA MONTES, Mª E. (2001): *Propuestas de juegos con: globos, cuerdas, papeles, envases y saquitos*. Madrid: Gymnos.

- MATEU SERRA, M. (1992). *1300 ejercicios y juegos aplicados a las actividades gimnásticas* .Barcelona: Paidotribo.

- POCK, K. (1981). *Gimnasia Básica 1*.Madrid: Gymnos.

- POCK, K. (1982). *Gimnasia Básica 2*.Madrid: Gymnos.

- PRESTIDGE, P. y PRESTIDGE, J. (1981). *Tu libro de Gimnasia*. Barcelona: Editorial Síntesis.

- THOMAS, L., FIARD, J., SOULARD, C. y CHAUTEMPS, G. (1997). *Gimnasia Deportiva: De la escuela… a las asociaciones deportivas.* Editorial Agonos, Lérida.

- VIEDMA, J.M. (1999). *La gimnasia artística como contenido dentro del ámbito escolar.* Sevilla: Wanceulen.

INICIACIÓN AL FÚTBOL
A TRAVÉS DEL JUEGO
Propuestas lúdicas predeportivas para
la formación humana y deportiva
FCO. IGNACIO MARTÍNEZ CABRERA
ALBERTO MARTÍN BARRERO
COORDINA: JULIO HERRADOR SÁNCHEZ
WANCEULEN Editorial
WANCEULEN EDITORIAL DEPORTIVA

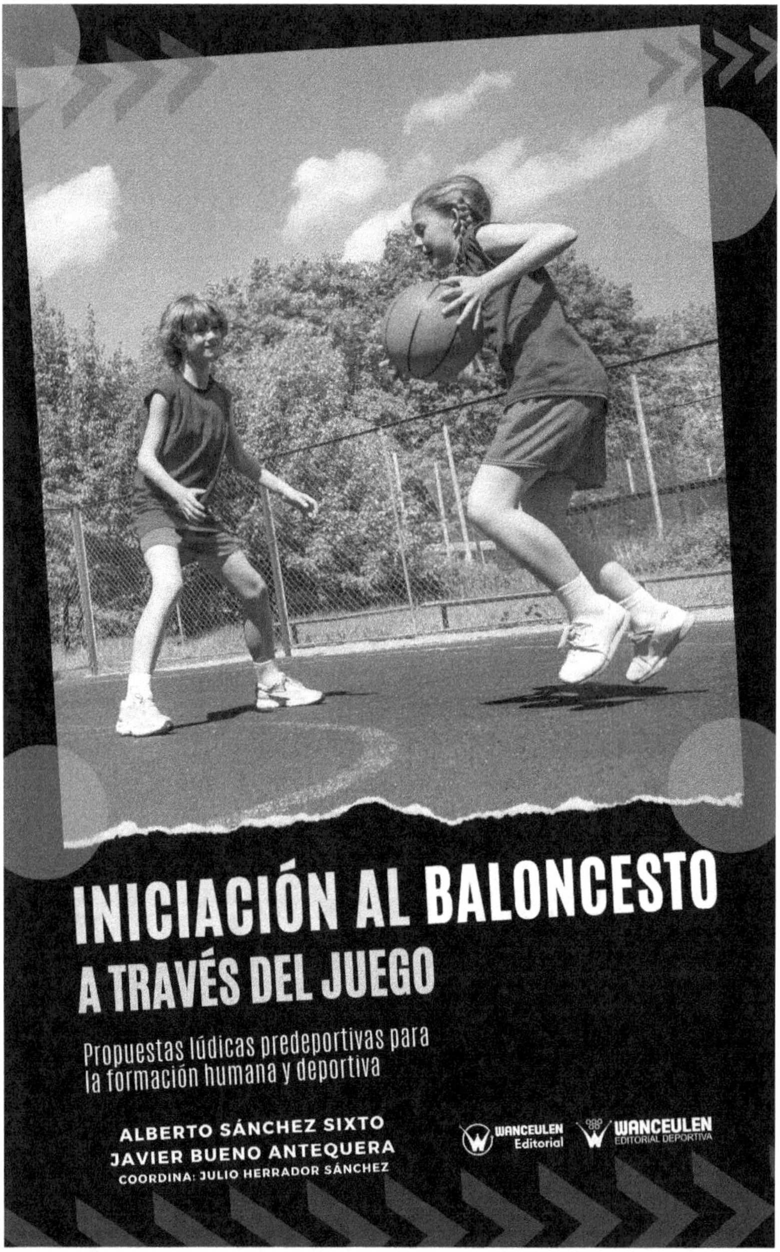

INICIACIÓN AL BALONCESTO
A TRAVÉS DEL JUEGO

Propuestas lúdicas predeportivas para
la formación humana y deportiva

ALBERTO SÁNCHEZ SIXTO
JAVIER BUENO ANTEQUERA
COORDINA: JULIO HERRADOR SÁNCHEZ

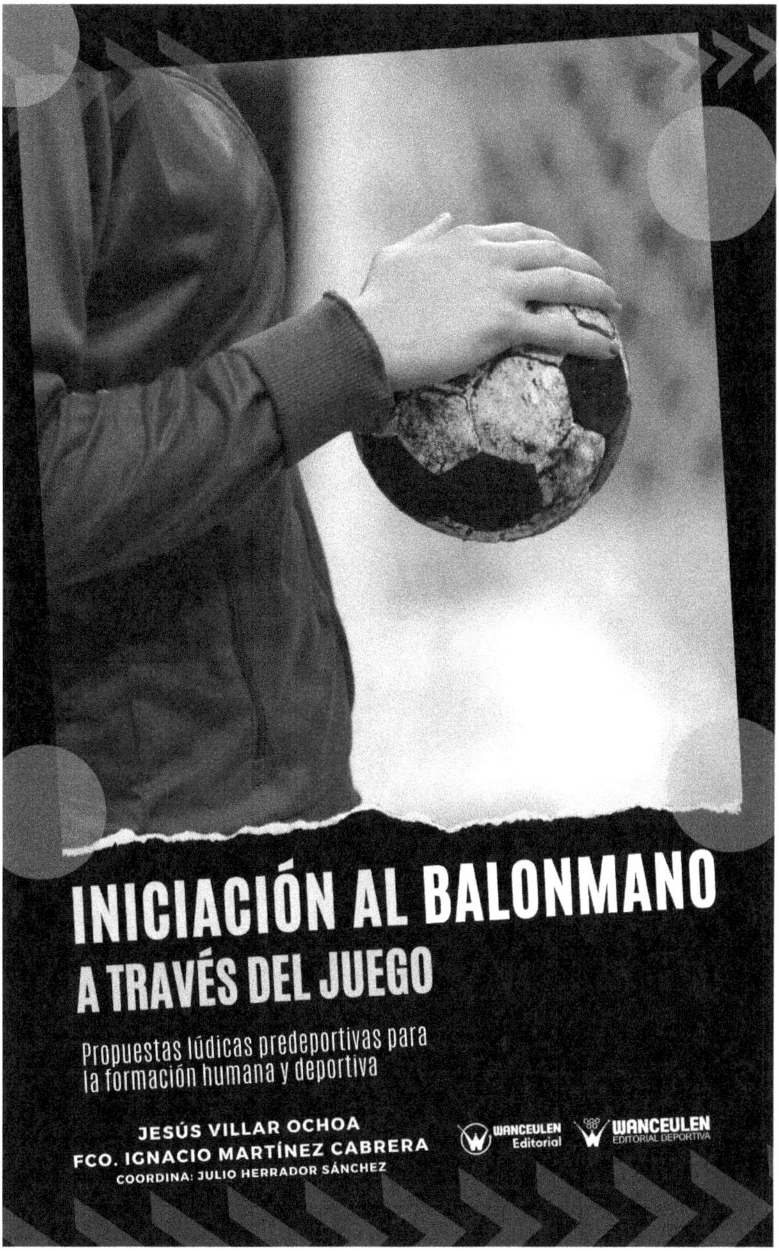

INICIACIÓN AL BALONMANO
A TRAVÉS DEL JUEGO

Propuestas lúdicas predeportivas para la formación humana y deportiva

JESÚS VILLAR OCHOA
FCO. IGNACIO MARTÍNEZ CABRERA
COORDINA: JULIO HERRADOR SÁNCHEZ

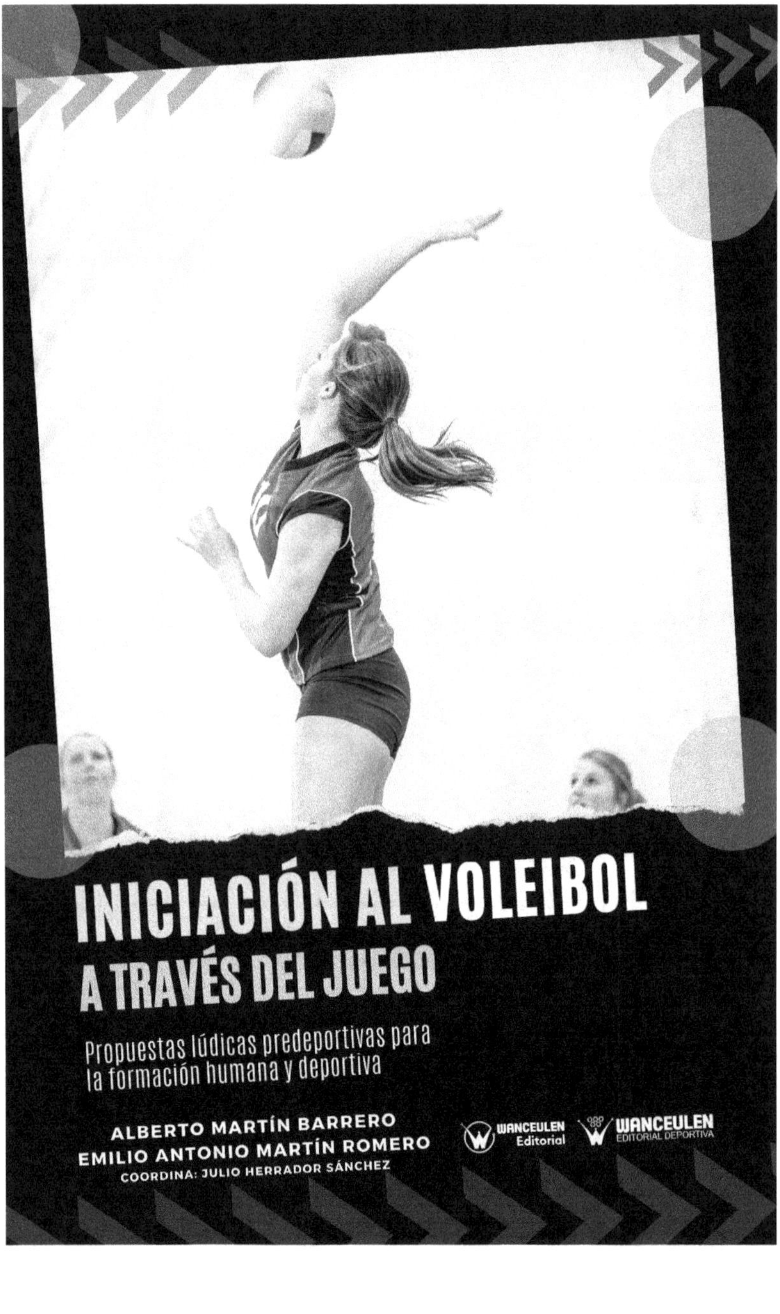

INICIACIÓN AL VOLEIBOL
A TRAVÉS DEL JUEGO

Propuestas lúdicas predeportivas para
la formación humana y deportiva

ALBERTO MARTÍN BARRERO
EMILIO ANTONIO MARTÍN ROMERO
COORDINA: JULIO HERRADOR SÁNCHEZ

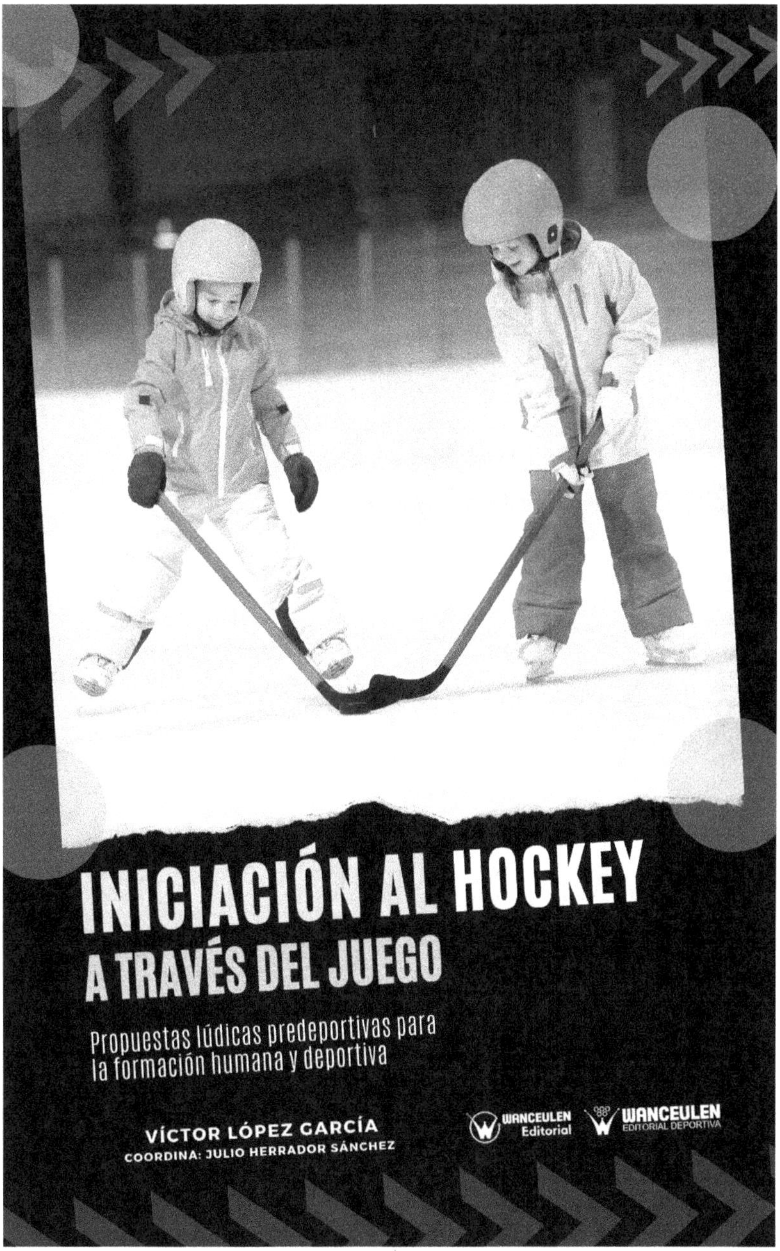

INICIACIÓN AL HOCKEY
A TRAVÉS DEL JUEGO

Propuestas lúdicas predeportivas para
la formación humana y deportiva

VÍCTOR LÓPEZ GARCÍA
COORDINA: JULIO HERRADOR SÁNCHEZ

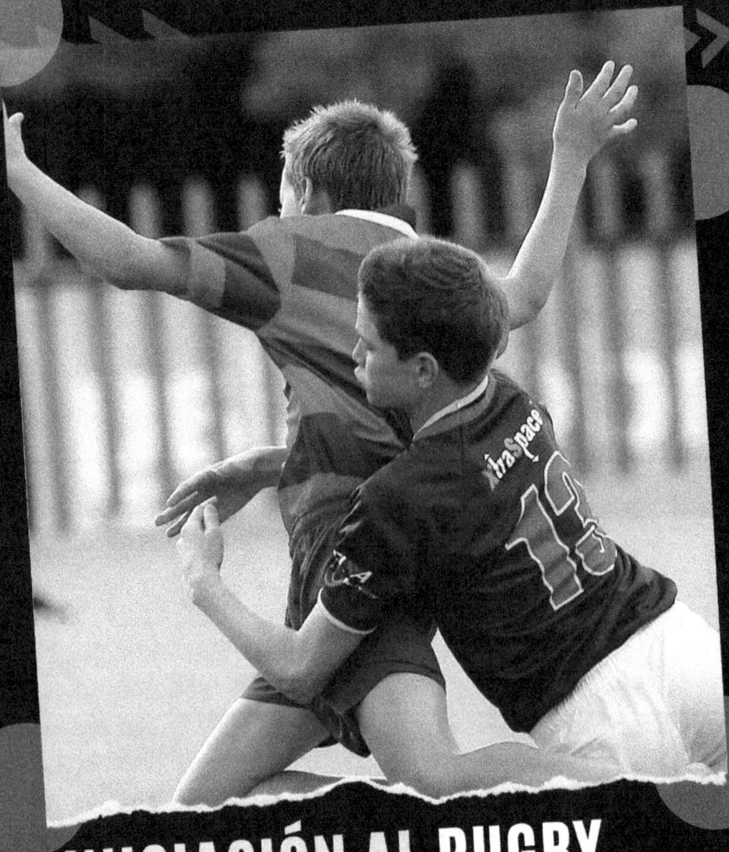

INICIACIÓN AL RUGBY A TRAVÉS DEL JUEGO

Propuestas lúdicas predeportivas para la formación humana y deportiva

JOSÉ MANUEL GONZÁLEZ SUÁREZ
COORDINA: JULIO HERRADOR SÁNCHEZ

WANCEULEN Editorial
WANCEULEN EDITORIAL DEPORTIVA

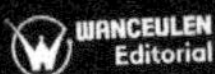

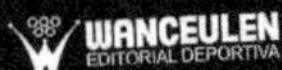

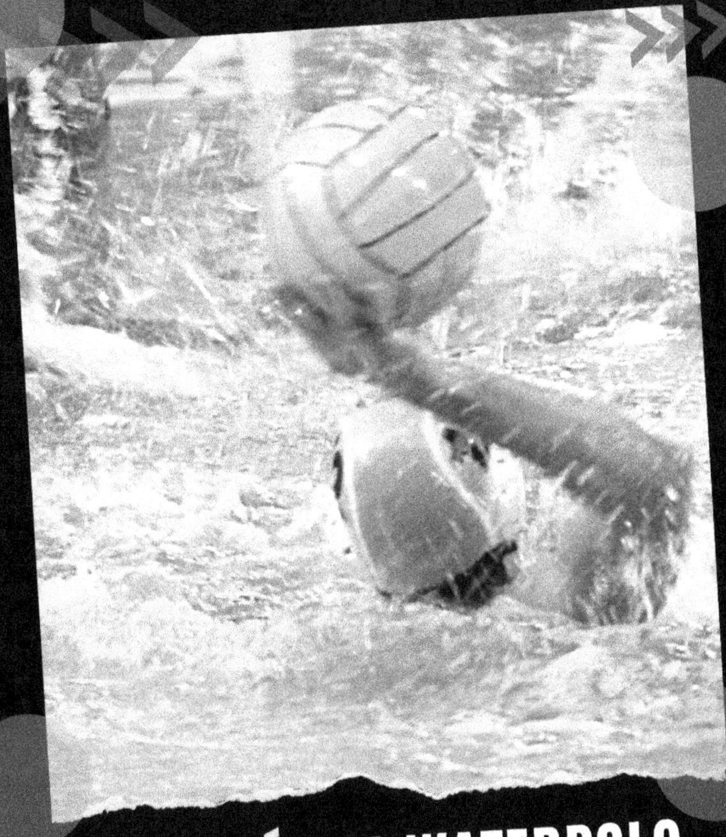

INICIACIÓN AL WATERPOLO A TRAVÉS DEL JUEGO

Propuestas lúdicas predeportivas para la formación humana y deportiva

FLAVIA AMAR CANTOS

COORDINA: JULIO HERRADOR SÁNCHEZ

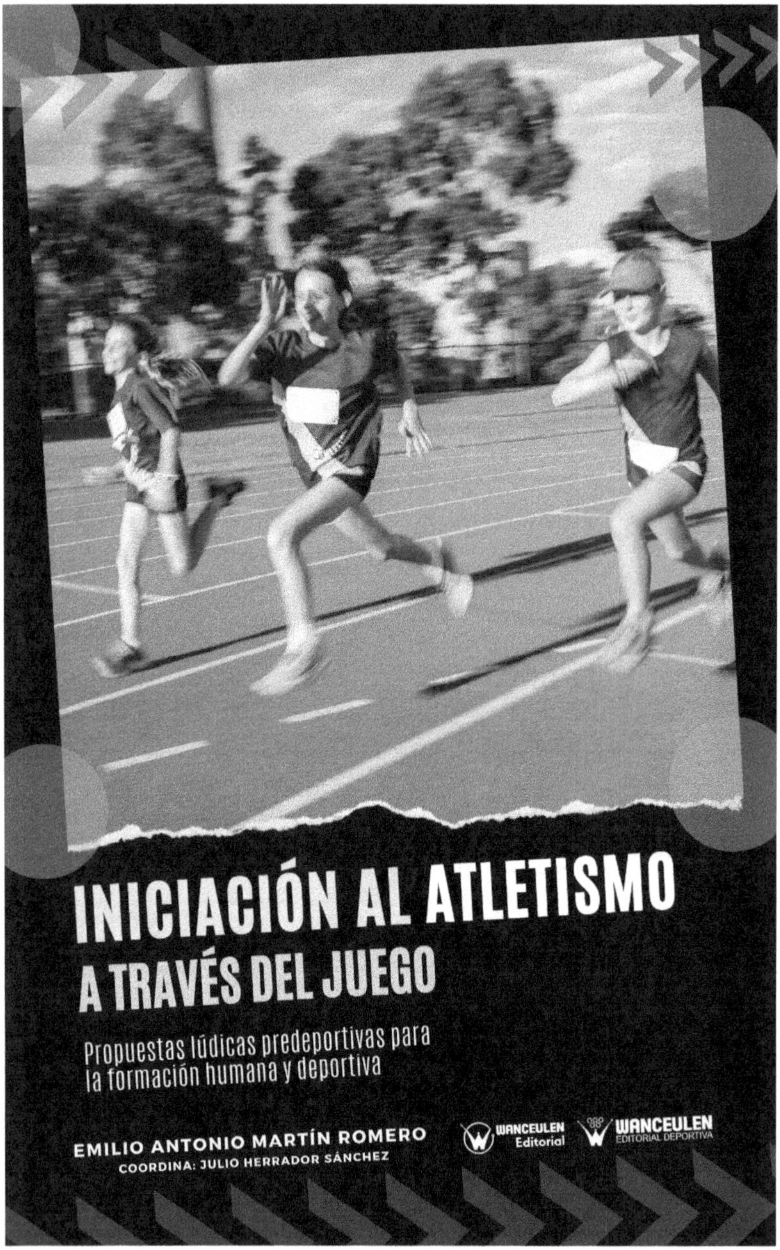

INICIACIÓN AL ATLETISMO
A TRAVÉS DEL JUEGO

Propuestas lúdicas predeportivas para
la formación humana y deportiva

EMILIO ANTONIO MARTÍN ROMERO

COORDINA: JULIO HERRADOR SÁNCHEZ

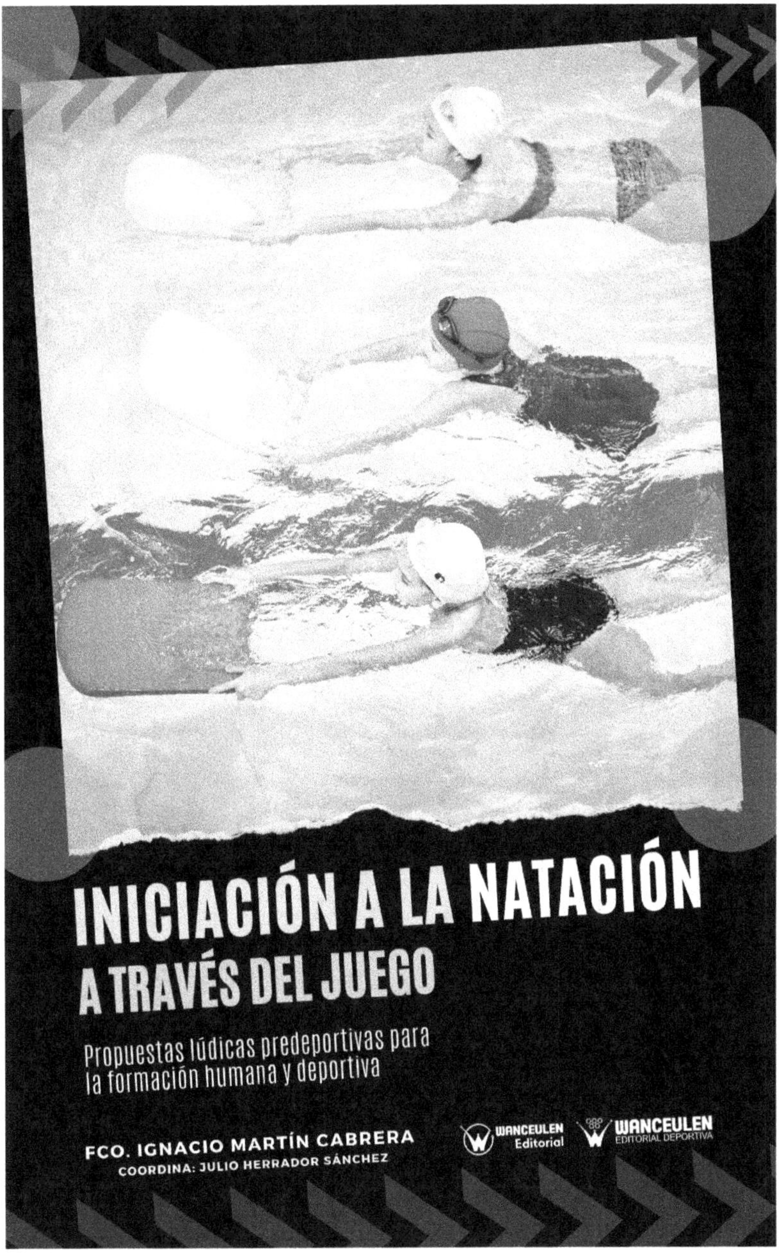

INICIACIÓN A LA NATACIÓN
A TRAVÉS DEL JUEGO

Propuestas lúdicas predeportivas para la formación humana y deportiva

FCO. IGNACIO MARTÍN CABRERA

COORDINA: JULIO HERRADOR SÁNCHEZ

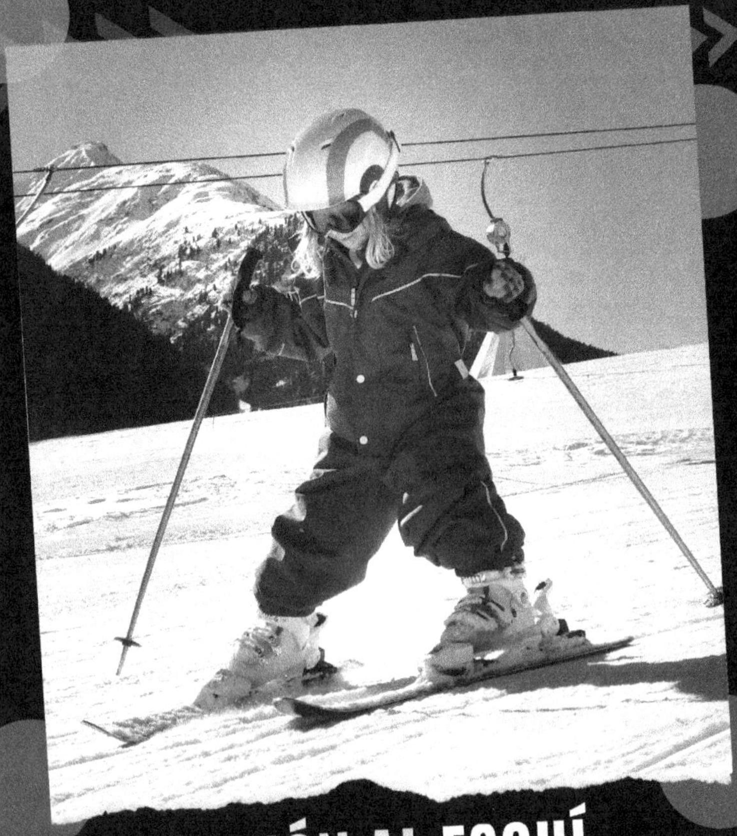

INICIACIÓN AL ESQUÍ
A TRAVÉS DEL JUEGO

Propuestas lúdicas predeportivas para
la formación humana y deportiva

ALBERTO SÁNCHEZ SIXTO
COORDINA: JULIO HERRADOR SÁNCHEZ

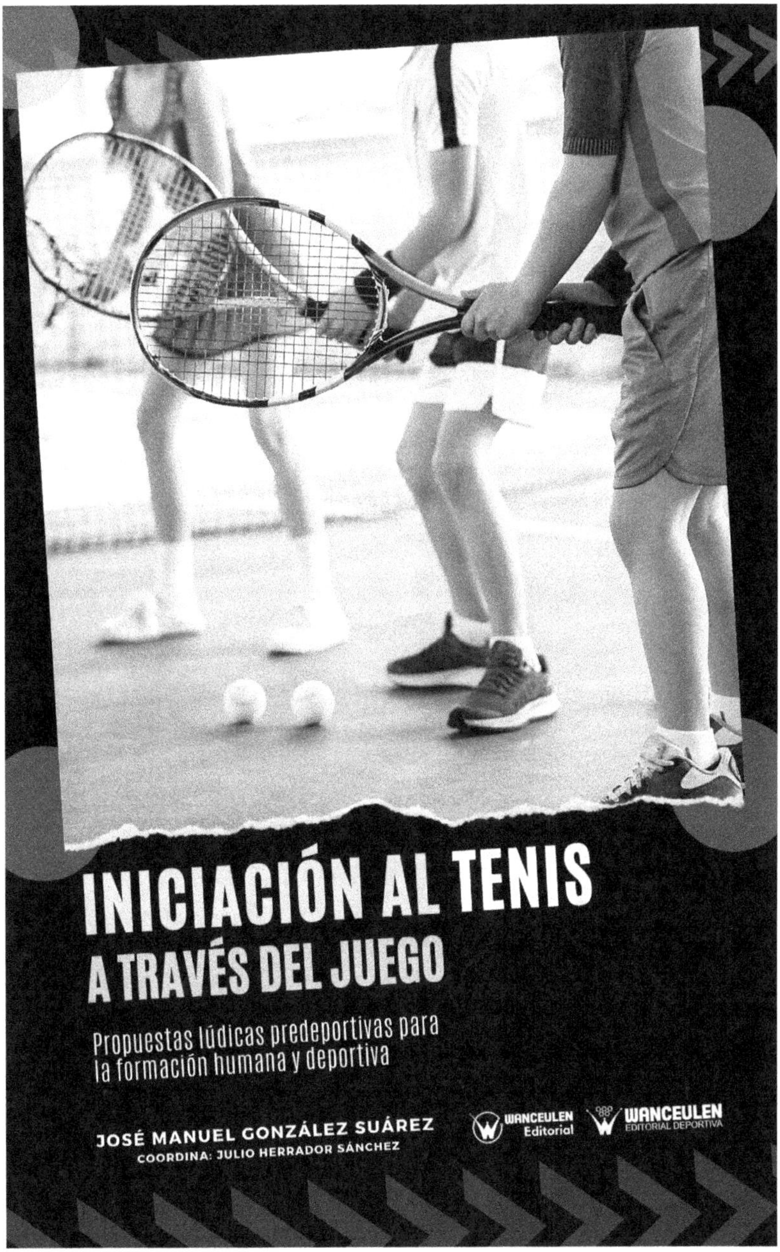

INICIACIÓN AL TENIS
A TRAVÉS DEL JUEGO

Propuestas lúdicas predeportivas para
la formación humana y deportiva

JOSÉ MANUEL GONZÁLEZ SUÁREZ
COORDINA: JULIO HERRADOR SÁNCHEZ

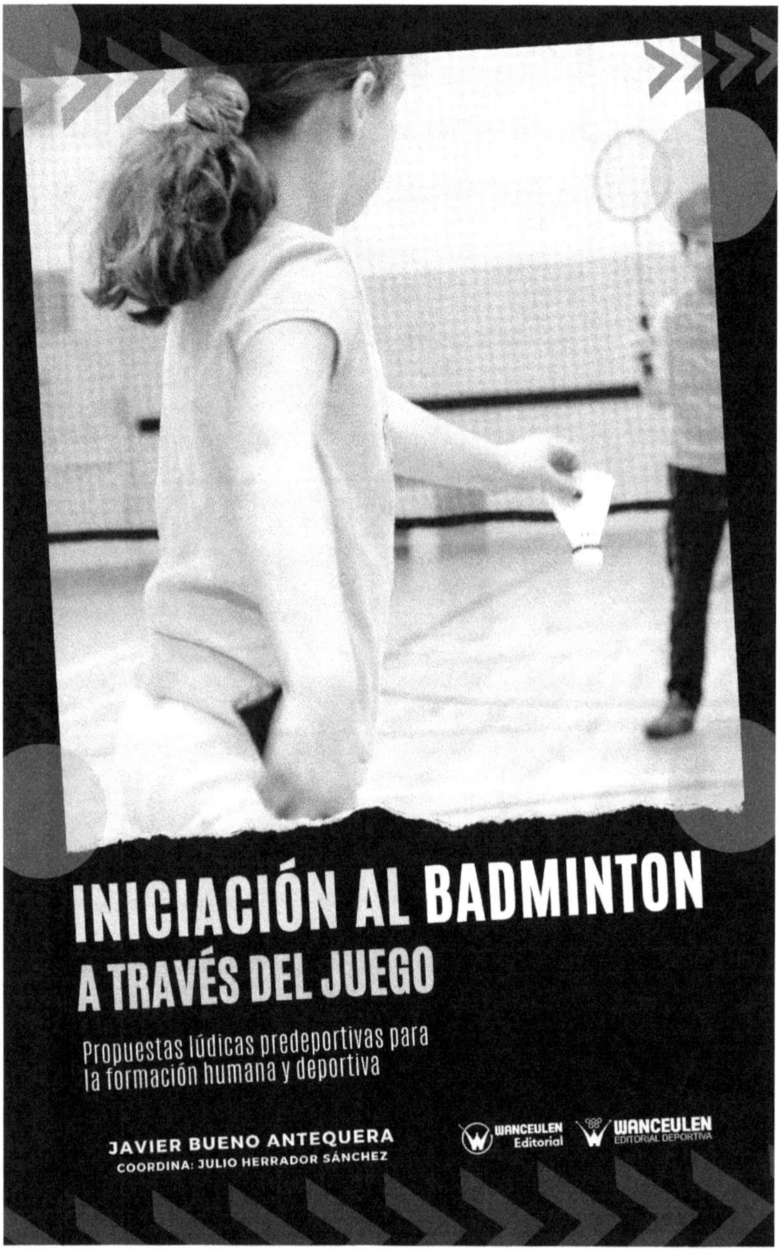

INICIACIÓN AL BADMINTON
A TRAVÉS DEL JUEGO

Propuestas lúdicas predeportivas para la formación humana y deportiva

JAVIER BUENO ANTEQUERA

COORDINA: JULIO HERRADOR SÁNCHEZ

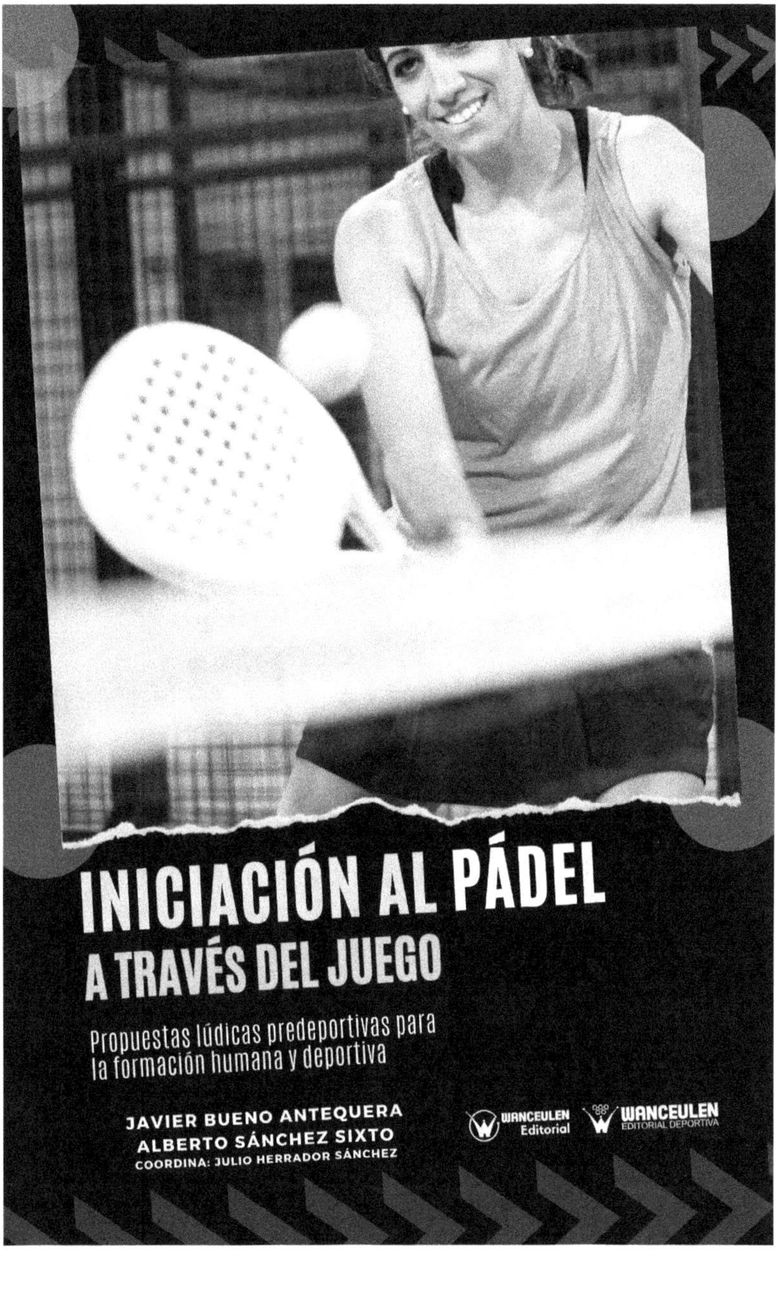

INICIACIÓN AL PÁDEL
A TRAVÉS DEL JUEGO

Propuestas lúdicas predeportivas para la formación humana y deportiva

JAVIER BUENO ANTEQUERA
ALBERTO SÁNCHEZ SIXTO
COORDINA: JULIO HERRADOR SÁNCHEZ

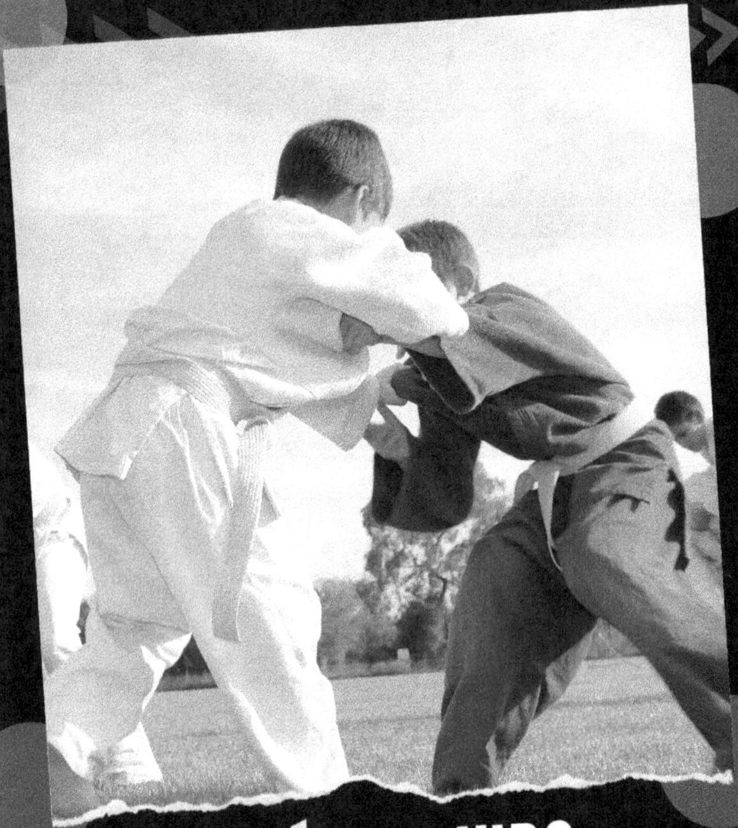

INICIACIÓN AL JUDO
A TRAVÉS DEL JUEGO

Propuestas lúdicas predeportivas para la formación humana y deportiva

ALBERTO MARTÍN BARRERO
COORDINA: JULIO HERRADOR SÁNCHEZ